por THOMAS KINGSLEY TROUPE

amicus LEARNING

ilustrado por MARTINA ROTONDO

Randy era una rata. Ayer, su vecino dijo una palabra extraña. "Esos mamíferos son otra cosa", croó la rana Forrest.

"¿Qué es un mamífero?", preguntó Randy.

"No quieres saberlo", dijo Forrest. Luego saltó al pantano.

Ese era el problema. Randy SÍ quería saber.

Randy salió en busca de mamíferos. Le preguntó a Beth el pájaro.

"¿Un mamífero? Yo no. La mayoría
de los mamíferos nacen vivos.
Yo nací de un huevo".

"Entonces, ¿los mamíferos no ponen huevos?".
Randy tomó algunas notas.

"La mayoría de los mamíferos no.
Sólo los ornitorrincos y los equidnas".

Encontró a Fernando el pez.

"¿Qué bebes, agua?",
preguntó Randy.

"¡Los peces de agua dulce no lo necesitan!", gritó Fernando.
"¡Vivimos en el agua!". Escupió agua a Randy.

Vio a la serpiente Sissy deslizándose.

¿ERES UN MAMÍFERO?

"No, ssssseñor".

"Los mamíferos cuidan de sus crías. ¡Yo dejo mis huevosss tan pronto como losss ponen!".

"¿No mantienes a salvo a tus serpientes bebé?", preguntó Randy.

"¡Mis hijos aprenden a *ssssobrevivir* por sí mismos!".

Randy añadió rápidamente datos de supervivencia a sus notas.

Vio a Barry, el escarabajo.

"¿Eres un mamífero?", preguntó Randy.
"Me temo que no, jovencito",
 respondió Barry.
"Como puedes ver, no tengo pelo ni
 pelaje en mi cuerpo".
"Entonces, ¿sólo los mamíferos tienen
 pelo y pelaje?", preguntó Randy.
"Tienes razón", dijo Barry.

Randy añadió pelo y pelaje a su
cuaderno.

Randy casi no
ver Lois el lagarto.
¿ERES UN MAMÍFERO?
"¿Un mamífero? Cielos, no".
"Los mamíferos son de sangre
caliente. Los lagartos son de
sangre fría. Necesitamos el sol
para mantenernos calientes".

"¿Y el cuerpo de un mamífero se calienta solo?", preguntó Randy.
"Eso es lo que he oído", dijo Lois.
Randy añadió datos sobre sangre caliente a su cuaderno.

Vio al búho Orson.

"¿Un mamífero?".
"*Uuu, chico.* Yo no. La mayoría de los mamíferos no tienen alas".

"Entonces, ¿los mamíferos no pueden volar?",
preguntó Randy.

"Oh, hay uno que puede. Pero en general, sólo
los pájaros y los insectos pueden volar".

Randy vio a Stella, el bicho palo.

"¿Eres un mamífero?", preguntó Randy.
Stella dejó de arrastrarse.
"¿Un mamífero?", dijo. "¿En serio? Los
mamíferos no tienen más de cuatro
extremidades. ¿Cuántas tengo yo?".
Randy contó. "¿Parecen seis?", dijo.
"La mayoría de los mamíferos utilizan
las cuatro extremidades para
moverse", dijo Stella.
"¡Incluso los bebés humanos!".

Randy tomó nota de nuevo.

Se estaba haciendo tarde. Randy vio a
Brady el murciélago.
"¡Oye, espera un segundo!",
Randy llamó.

La ratita adivinó que Brady
probablemente no lo era. Brady podía
volar como un pájaro. Los pájaros no
eran mamíferos.

"¡Sí!", Brady respondió.
"Soy el único mamífero que puede volar".

"¡Mi primer mamífero!".

Brady agarró a Randy y se fue volando. ¿Adónde se lo llevaba Brady?

Cuando aterrizaron, Randy vio un montón de animales. Tenían pelo.
Tenían cuatro extremidades. Randy miró su propio cuerpo peludo.
¡Él encajaba perfectamente! Él también era un mamífero.

"¿Todos ustedes son mamíferos?".

"Sí", dijo feliz la mapache
Roxy. "¡Y tú también!".

"Lo sé", dijo Randy.

REUNIÓN DE MAMÍFEROS
21

El cuaderno de Randy

MAMÍFEROS . . .

- Nacen "vivos". No nacen de huevos.
  Bueno... excepto los ornitorrincos y los equidnas.

- Alimentan a sus crías con leche de la madre.

- Cuidan a sus bebés. Les enseñan técnicas de supervivencia.

- Tienen pelo o pelaje.

- Son de sangre caliente.

- Tienen cuatro extremidades para moverse.
  Incluso los humanos, cuando son bebés.

- No pueden volar, ¡excepto los murciélagos!
  Los murciélagos son los únicos mamíferos con alas.

GLOSARIO

de sangre caliente Tiene una temperatura corporal que se mantiene más o menos igual independientemente de la temperatura del aire.

de sangre fría Tiene una temperatura corporal que cambia para adaptarse a la temperatura ambiente.

extremidad Parte del cuerpo que sirve para moverse o agarrarse, como los brazos, las piernas, las aletas o las alas.

insecto Pequeño animal con seis patas, tres partes en su cuerpo y un esqueleto externo duro.

pelaje Capa de pelo grueso y suave sobre la piel de un animal.

AMICUS ILLUSTRATED es una publicación de Amicus Learning, un sello de Amicus
P.O. Box 227, Mankato, MN 56002
www.amicuspublishing.us

Library of Congress Cataloging-in-Publication Data
Names: Troupe, Thomas Kingsley, author. | Rotondo, Martina, illustrator.
Title: ¿Eres un mamífero? / by Thomas Kingsley Troupe ; illustrated by Martina Rotondo.
Other titles: Are you a mammal? Spanish
Description: Mankato, MN : Amicus Illustrated, [2025] | Series: Clasificación de los animales | Audience: Ages 6–9 | Audience: Grades 2–3 | Summary: "When young Randy the rat overhears Forrest the frog grumbling about mammals, Randy sets out on a mission to find out what exactly a mammal is. After interviewing other animals in the forest and learning about the characteristics of mammals, Randy realizes that he too is a mammal! Translated into North American Spanish. Includes fact page and glossary"— Provided by publisher.
Identifiers: LCCN 2024019234 (print) | LCCN 2024019235 (ebook) | ISBN 9798892003834 (library binding) | ISBN 9798892003896 (paperback) | ISBN 9798892003957 (ebook)
Subjects: LCSH: Mammals—Juvenile literature. | Mammals—Classification—Juvenile literature. | Animals—Classification—Juvenile literature.
Classification: LCC QL706.2 .T7618 2025 (print) | LCC QL706.2 (ebook) | DDC 599.01/2—dc23/eng/20240523

Impreso en China

Editora: Rebecca Glaser
Diseñadora: Kim Pfeffer

ACERCA DEL AUTOR

Thomas Kingsley Troupe es autor de más de 200 libros para jóvenes lectores. Cuando no está escribiendo, le gusta leer, jugar a videojuegos e investigar lugares encantados con la Twin Cities Paranormal Society. Si no, probablemente esté echándose una siesta o algo así. Thomas vive en Woodbury, Minnesota, con sus dos hijos.

ACERCA DE LA ILUSTRADORA

Artista desde siempre, Martina Rotondo cursó el Máster de Ilustración y Arte Conceptual en The Sign Academy de Florencia (Italia). Actualmente trabaja como ilustradora para editoriales italianas y extranjeras. Amante del dibujo tradicional, también investiga y experimenta constantemente con nuevas técnicas para crear sus personajes y fondos surrealistas y atractivos.